LE COLIS

MONOLOGUE EN VERS

DU MÊME AUTEUR :

AUX ANTIPODES, monologue provenço-comique, dit par madame Judic, du théâtre des Variétés, 2e édition... 1 »

UN MONSIEUR QUI N'AIME PAS LES MONOLOGUES, monologue comique, dit par Coquelin cadet, de la Comédie-Française, 3e édition............... 1 »

LE MOUCHOIR, monologue en vers, dit par F. Galipaux, du Palais-Royal, 2e édition............... 1 »

LE PETIT MÉNAGE, fantaisie en vers libres, dite et illustrée par Saint-Germain, du Gymnase....... 1 »

LA PETITE RÉVOLTÉE, monologue en vers, dit par mademoiselle O. d'Andor, des Variétés, 3e édition. 1 »

TROP VIEUX! monologue en vers, dit par Saint-Germain, du Gymnase, 3e édition.................. 1 »

LES CÉLÈBRES, monologue comique, dit par Coquelin cadet, de la Comédie-Française, 2e édition. 1 »

LE VOLONTAIRE, monologue comique en vers, dit par F. Galipaux du Palais-Royal............... »

EN PRÉPARATION:

NOTRE FUTUR, saynète en un acte, jouée par mesdemoiselles Reichemberg et Bartet de la Comédie-Française...

AU RIDEAU! recueil de monologues, et saynètes...

IMPRIMERIE GÉNÉRALE DE CHATILLON-SUR-SEINE. — A. PICHAT.

GEORGES FEYDEAU

LE COLIS

MONOLOGUE EN VERS

DIT

par **SAINT-GERMAIN**, du Gymnase.

PARIS
PAUL OLLENDORFF, ÉDITEUR
28 bis, RUE DE RICHELIEU, 28 bis

1885
Tous droits réservés

LE COLIS

A Alfred Feydeau.

... Eh ! oui je me plaindrai !... Je me plaindrai bien haut !
Et pour avoir raison, j'aurai recours, s'il faut,
Aux tribunaux ! Oui-dà ! Mais j'aurai gain de cause.
L'on verra si je suis si jobard qu'on suppose !
Enfin me voilà, moi... Quel triste dénouement !
Sans la moindre chemise et sans un vêtement.
Eh ! oui ; de convoler, un jour j'eus la sottise ;
Ma femme est un bijou : là n'est point la bêtise,
Mais devenant époux, je devins gendre aussi,
Et qui dit « gendre », dit « belle-mère » ! Ah ! merci....
« Merci », sans calembour... parbleu ça se devine !...
Oh ! mais on peut l'écrire, en rime féminine !

Et moi qui pour lutter contre le préjugé
Voulais, avant — c'est vrai — que d'en avoir jugé,
Fonder un comité — quel but humanitaire
Pour réhabiliter à tous la BELLE-MÈRE.
Pauvre fou que j'étais ! Et tenez, jugez-en :

C'était tout récemment ; moi, toujours complaisant,
J'offre à mon cauchemar une excellente stalle
Pour le concert Colonne et v'lan ! je l'y trimbale.
— Oui, c'est beau, je le sais, c'est superbe ! c'est fort !
Mais j'avais mes raisons : l'absent a toujours tort ;
Or, le surlendemain, je partais en voyage,
L'autre en eût profité pour troubler mon ménage... —
Bref, tandis que l'orchestre entame du Wagner,
J'entends auprès de moi ronfler sur le même air,
Qui ? ma belle-maman qui, là, dans tout Colonne,
Semble vouloir lutter même avec le trombone
Et qui, la tête en l'air et glissant sur son fond,
Regarde, les yeux clos, le lustre du plafond.
Donato pour sujet l'aurait trouvée exquise.
Dame ! on endort les gens, quand on les... Wagnérise.
Soudain autour de moi, tous les gens agacés

De hurler : « A la porte ! au vestiaire ! assez ! ... »

Ah ! n'éveillez jamais belle-mère qui ronfle !
Voyez comme son sein paisiblement se gonfle,
Et moi je trouve un charme à ses ronronnements
Qui sont comme un répit à tous ses grondements ;
Je la contemple ainsi dormir avec délice ;
C'est comme en pleine guerre, un trop court armistice,
Comme au mourant de soif la moindre goutte d'eau,
La résurrection après le froid tombeau.
C'est moi, quoi ! libre, enfin, libre après la galère,
Me pouvant un moment, croire sans belle-mère.

Quand le concert finit, vers cinq heures au plus,
Belle-maman dormait, mais ne ronronnait plus.
Au risque d'essuyer sa nouvelle colère,
Je voulus l'éveiller pour partir... Téméraire !
J'eus beau faire et crier, comme au plus sourd des sourds,
Elle n'entendait rien, elle dormait toujours !
Ah ! je n'aurais point cru, vraiment, que la musique
Eût pu rendre à ce point quelqu'un cataleptique.

Que faire ? J'envoyai me quérir aussitôt
Le docteur. Il vint; puis, sans me mâcher le mot,
Me dit brutalement : « Monsieur, madame est morte! »
Ce fut un coup pour moi: « Quoi ? mourir de la sorte!...
» C'est bien embarrassant ! » fis-je tout attristé.

Ma pauvre femme en eut le cœur tout affecté ;
Elle pleura, pleura, c'était à fendre l'âme.
Moi, je pleurais aussi ; je l'aimais tant... ma femme !
C'est alors qu'on put voir les amis s'amener,
Plaindre, se lamenter... demeurer à dîner,
De ma belle-maman entamer la louange :
Toutes les qualités ! Enfin c'était un ange !
— On apprend tous les jours! — Bref, vous savez, vraiment,
Nous la pleurâmes, là, très convenablement.
Eh ! bien, se moque-t-on du monde de la sorte ?
Pas du tout, non, messieurs, elle n'était pas morte !
Et me voilà soudain, quel guignon ! patatras !
Une re-belle-mère à nouveau sur les bras ;
Sans compter tous les frais que je venais de faire,
Et la bière restant pour compte! Eh ! oui, la bière !
Que peut-on faire enfin d'un pareil bibelot ?

A moins tout bonnement d'aller le mettre en lot,
Ou de courir l'offrir à quelque originale
Qui s'en fera son lit ?... Non ! ce sera ma malle.
Et voilà !... Je vous vois plongés dans la stupeur !
Et l'on vient me citer Papin et sa vapeur !
Mais qu'a-t-il donc tant fait ? — Simplicité que j'aime !
S'il trouva la vapeur, c'est dans la vapeur même.
Pour moi c'est du néant que j'ai tout fait sortir :
Papin sut profiter, moi j'ai su convertir.
Et, fier de moi, presto, j'entreprends mon voyage,
Ma foi fort enchanté de lancer mon bagage.

Ah ! non, mais quel succès, quel ahurissement !
Chaque fois que d'un train s'opère un changement.
Là l'homme se découvre, et la femme se signe ;
Et près de moi, partout, on crie: « Ah ! c'est indigne ! »
Car plus d'un se révolte en voyant sans façon
Bousculer mon objet et le mettre au fourgon
Comme un simple bagage. Et même pris au piège,
Un gros monsieur cagot, hurle : « Quel sacrilège !
» Nous allons dérailler ! » Je pouffais pour ma part.
Ainsi nous arrivons jusqu'à Montélimar.

La grande foule ! et pas la foule habituelle ;
Hommes en habit noir, tenue officielle,
Qu'est-ce ? Dans tout le train, grande agitation.
C'était quoi ? Rien ! des gens en députation
Pour recevoir le corps d'un défunt anarchiste,
Président de leur club anti-légitimiste.
Moi, badaud, je me paie, en bon parisien,
Les obsèques gratis de ce grand citoyen.

Soudain l'on se découvre ; un cortège se forme,
Et le cercueil descend... Ciel ! j'en connais la forme :
« Ma malle ! c'est ma malle ! Eh ! là-bas un moment ! »
Je saute à bas du train et précipitamment
Sur ces gens stupéfaits et gardant le silence,
Furieux, sans chapeau, comme un fou je m'élance :
« Arrêtez ! c'est à moi ! » — Je saisis le cercueil. —
« Rendez-le moi ! »... Des gens ont des larmes à l'œil
Et tous de s'écarter avec respect. J'enrage :
«Rendez-le moi ! vous dis-je.» Un vieux me fait : « Courage !»
En me serrant les mains. « Mais voyons, c'est mon bien !»
Et le monsieur ajoute : « Ah ! vous l'aimiez donc bien ?
» Hélas ! c'est une perte immense, irréparable,

» Et sa vie, ah! monsieur, quelle vie honorable!
» Pour le bonheur de tous le destin le créa.
» Il se fit adorer jusque dans Nouméa! »

— Allez au diable! là, tous autant que vous êtes!
« J'ai bien le temps vraiment d'écouter vos sornettes!
« Croyez-vous que le train va m'attendre là-bas?... »
Hélas! j'avais raison, le train n'attendit pas.
Tandis que j'écumais, furieux, plein de rage,
Il partit, m'emportant mon reste de bagage.
Alors je ne mis plus de borne à mon courroux:
« Misérables! hurlai-je, assassins! gueux! filous!
» Gredins! vous me volez! » — « La douleur qui l'égare »!
Conclut le vieux monsieur. Et l'on quitta la gare.
Je dus, malgré mes cris et mes emportements,
Assister au convoi de tous mes vêtements.
Ce furent des discours, des bouquets, des louanges!
Ah! mon pauvre colis en entendit d'étranges!...
Par un dernier effort, je voulus, me calmant,
Essayer de les prendre avec du sentiment:
« Voyons! fis-je, messieurs, là, parlons sans colère;
« Tout ça n'est que défroque! Ah! qu'en voulez-vous faire?

» Ce que j'ai là dedans n'a jamais valu rien.
» Ah ! suivez-moi ! allons à ce qui vous convient !... »

Alors quelqu'un cria : « Vil réactionnaire !
» Tu prends pour piédestal, profane, cette bière
» Et tu veux parmi nous faire ton coup d'état ?
» A bas ! » Je dus filer pour clore le débat.

Il était temps avant que l'orage ne tombe !
Me voilà hors danger, caché par une tombe...
Mais là — si ce n'est pas le comble du tourment ? —
J'entends au loin, soudain prononcés clairement
Ces mots : « .... Repose en paix, dépouille juste et probe ! »

Et je vois enterrer ma pauvre garde-robe.

FIN

Imprimerie générale de Châtillon-sur-Seine. — A. PICHAT.

LIBRAIRIE PAUL OLLENDORFF

28 bis, rue de Richelieu, — PARIS.

MONOLOGUES

L'AIGUILLEUR, monologue en vers d'Alph. Scheler, dit par Worms, de la Comédie-Française . . . . 1 »
L'AMATEUR DE PEINTURE, monologue par Philippe Gille, dit par Coquelin cadet, de la Comédie-Française, (illustrations de Loir Luigi) . . . . 1 »
LES AMOUREUX, fantaisie en vers par Ch. Clairville, dite par C. Coquelin, de la Comédie-Française (illustrations de Cabriol). 1 »
APRÈS·LE MARIAGE...? monologue par Paul Manivet, dit par mademoiselle Marsy, de la Comédie-Française, (avec une eauforte par Paul Avril) 1 50
L'ASSURÉ, monologue en vers par Marcel Belloc, dit par Félix Galipaux, du théâtre du Palais-Royal . . . . 1 »
AU JARDIN DES PLANTES, poésie par Paul Lheureux, dite par Galipaux, du théâtre du Palais-Royal . . . . 1 »
AUX ANTIPODES, monologue provenço-comique par G. Feydeau, dit par madame Judic, du théâtre des Variétés . . . . 1 »
LE BAIN, monologue par Charles Samson, dit par Félix Galipaux, du théâtre du Palais-Royal . . . . 1 »
LE BIJOU PERDU, monologue en prose par Louis Bridier et Édouard Philippe . . . . 1 »
LE BON DIEU, monologue comique, par E. Grenet-Dancourt, dit par Coquelin aîné, de la Comédie-Française. . . . . . . 1 »
LE BOUDINÉ, thèse en vers, par V. Revel, soutenue par Georges Noblet, du théâtre du Gymnase . . . . 1 »
LE BOUTON, monologue en vers, par Hixe, dit par A. Des Roseaux. . . . . 1 »
LES BRETELLES, monologue en vers, par V. Revel, dit par Coquelin cadet, de la Comédie-Française. . . . . 1 »
LES CÉLÈBRES, monologue comique, par Georges Feydeau, dit par Coquelin cadet, de la Comédie-Française . . . . 1 »
C'EST LA FAUTE AU SILLERY! monologue en vers (avec illustrations), par Desmoulin, dit par Berthelier. 1 50
LES CHAPEAUX, par J.-G. Vibert, conférence faite au théâtre des Variétés par Berthelier, édition illustrée de 20 dessins, in-4. 1 50
LA CHASSE, monologue comique par E. Grenet-Dancourt, dit par Coquelin aîné, de la Comédie-Française . . . . 1 »
LE CHEVAL, monologue par Pirouette, dit par Coquelin cadet, de la Comédie-Française (illustrations par Sapeck). 1 50

LE CHIRURGIEN DU ROI S'AMUSE, monologue par Arnold Mortier, dit par Coquelin cadet, de la Comédie-Française (illustrations de Sapeck)............................ 1 »
LA CONFESSION, duo mimique par un seul personnage, de Paul du Crotoy et F. Galipaux, dit par F. Galipaux, du Palais-Royal 1 »
COQ-A-L'ANE, monologue en vers, par M. Belloc, dit par Coquelin aîné, de la Comédie-Française.................. 1
LE COSTUME DE PIERROT (histoire vraie), monologue dramatique en vers, par Alphonse Scheler, dit par madame Sarah Bernhardt............................ 1 »
DE LA PRUDENCE! monologue en prose, par A. Guillon et A. Des R., dit par Armand Des Roseaux............. 1 »
LE DÉPUTÉ, monologue par E. Morand, dit par Coquelin cadet, de la Comédie-Française..................... 1 »
L'ÉLECTION, monologue en vers par Julien Berr de Turique, dit par Coquelin cadet, de la Comédie-Française........ 1 »
EN FAMILLE, monologue en prose (avec illustrations), par G. Moynet, dit par Coquelin cadet, de la Comédie-Française. 1 50
L'EMPLOYÉ, monologue en prose, par Édouard Noël, dit par Coquelin cadet, de la Comédie-Française............. 1 »
L'EXAMEN DE CONSCIENCE, monologue en vers par A. Mélandri, dit par mademoiselle Reichenberg, de la Comédie-Française. 1 »
FLIRTATION, monologue, par Eugène Adenis, dit par Coquelin aîné, de la Comédie-Française................. 1 »
LES FOUS, poésie comique par Ch. Samson, dit par Coquelin aîné, de la Comédie-Française................. 1 »
GOBART, monologue, de G. Moynet, dite par Coquelin cadet, de la Comédie-Française..................... 1 »
LA HALLE AUX BAISERS, par A. Mélandri, illustrations de Willette. 1 50
L'HOMME MAIGRE, monologue, par Robert de Lille, dit par un homme gras........................... 1 »
L'HOMME PROPRE, monologue en prose, par Ch. Cros, dit par Coquelin cadet, de la Comédie-Française, illustrations de Cabriol.............................. 1 »
L'HOMME QUI BAILLE, monologue comique, par E. Grenet-Dancourt, dit par Coquelin cadet, de la Comédie-Française... 1 »
IDYLLE PARISIENNE, monologue en vers, par Georges Gillet, dit par Deroy, du théâtre de la Gaîté............... 1 »
JE NE VEUX PLUS AIMER, monologue, par Julien Berr de Turique, dit par Georges Guillemot, du Gymnase.......... 1 »
JE VOUS AIME! monologue en vers, par Alphonse de Launay, dit par Mlle Lincelle, du Vaudeville................ 1 »
LE LAMENTO DU COQUILLAGE, insanité rimée par Mélandri, dite par Coquelin cadet, de la Comédie-Française (Illustrations de Moloch)......................... 1 »
LA LETTRE ROSE, monologue, par Alphonse de Launay, dit par Mlle Marguerite Conti, du théâtre de la Renaissance.... 1 »

LES LUNETTES DE MA GRAND'MÈRE, monologue en vers, par H. Matabon, dit par Mlle Reichenberg, de la Comédie-Française... 1 »
MADAME LA COLONELLE, monologue en prose, par E. Philippe et L. Bridier, dit par madame Suzanne Lagier .... 1 »
MAMAN! naïveté en vers, par Paul Roux, dite par Mlle Marie Hamann, de l'Opéra................ 1 »
MINET, monologue en vers, par F. Beissier, dit par E. Bonheur.................... 1 »
LE MOINE, monologue en prose, par Jean Nicolaï, dit par Mme Judic, du théâtre des Variétés .... 1 »
LE MONOLOGUE! monologue en prose, par E. Bourrelier, dit par de Féraudy, de la Comédie-Française.......... 1 »
LE MONOLOGUE MODERNE, par Coquelin cadet, de la Comédie-Française (avec illustrations de Loir Luigi) .... 2 »
MON PARAPLUIE! monologue en vers, par Élie Frébault, dit par Félix Galipaux, du théâtre du Palais-Royal......... 1 »
LA MOUCHE, monologue en vers, par Émile Guiard, dit par Coquelin aîné, de la Comédie-Française, 23e édition .... 1 »
LE MOUCHOIR, monologue en vers, par G. Feydeau, dit par Félix Galipaux, du théâtre du Palais-Royal.......... 1 »
LE MOYEN DE RESTER FILLE, fantaisie en vers, par V. Revel, dite par mademoiselle Gabrielle Réjane, du Palais-Royal, in-18. 1 »
LA NOURRICE, monologue, par Ernest Daudet, dit par Mlle Reichenberg de la Comédie-Française. .... 1 »
ON DEMANDE UN MINISTRE! monologue en prose, par Maurice Desvallières et Gaston Joria, dit par Mlle Thénard, de la Comédie-Française................... 1 »
PARIS, monologue comique, par E. Grenet-Dancourt, dit par Coquelin cadet, de la Comédie-Française .... 1 »
LA PETITE CHOSE, par V. Revel, monologue en vers, dit par Mlle Réjane, du Vaudeville, et par M. Galipaux, du Palais-Royal. 1 »
LA PETITE RÉVOLTÉE, monologue en vers, par G. Feydeau, dit par mademoiselle O. d'Andor, des Variétés .... 1 »
LE PETIT MÉNAGE, monologue en vers, par Georges Feydeau, dit et illustré par Saint-Germain, du théâtre du Gymnase.... 1 »
LE PIANISTE, monologue en prose, par E. Morand, dit par Coquelin cadet, de la Comédie-Française........... 1 »
LE POT A FLEURS, monologue en vers par Henri Lefebvre, dit par F. Galipaux du théâtre du Palais-Royal......... 1 »
LA PRÉDICTION, poésie par André Alexandre, dite par madame Émilie Broisat, de la Comédie-Française........... 1 »
PROJETS POUR DIMANCHE,(triolets) par Lucien Cressonnois, monologue dit par Saint-Germain, du théâtre du Gymnase.... 1 »
LA REVANCHE DE LAURE, deux lettres en vers, par Alphonse de Launay, dites par Volny, de la Comédie-Française. (Illustrations de Gaston Béthune et Édouard d'Otémar...... 1 »
LA ROBE DE PERCALINE, monologue en vers, par J. Berr de Turique, dit par Mlle Barretta, de la Comédie-Française..... 1

SÉRAPHINE, fantaisie en vers, par V. Revel, dite par Coquelin cadet, de la Comédie-Française. (Dessins de Parmégiani). . 1 »
SPÉCIALITÉ DE LA MAISON, monologue en prose, de J. Guérin, dit par F. Galipaux, du théâtre du Palais-Royal. . . . . . 1 »
LES SOUFFLETS, naïveté en vers par V. Revel, dite par Mlle Lina Hermann, du théâtre de la Renaissance . . . . 1 »
SUR LE TERRAIN, monologue par Adolphe Tavernier, dit par Coquelin cadet, de la Comédie-Française. (Illustré par Henriot. . . . . 1 »
SUR LES MAINS, monologue en prose par H. Passerieu et Félix Galipaux, du théâtre du Palais-Royal. . . . . 1 »
LE TIMBRE-POSTE, monologue en vers, par André Herman . . 1 »
TOT-Z-OU TARD, monologue en vers par Max. Le Gros, dit par Félix Galipaux, du Palais-Royal . . . . 1 »
TROP VIEUX! monologue en vers, par Georges Feydeau, dit par Saint-Germain, du Gymnase . . . . 1 »
UN BILLET, monologue en vers par Julien Berr de Turique, dit Mlle Rachel Boyer, du théâtre de l'Odéon. . . . . 1 »
UN CANARD, monologue en prose (avec illustrations), par G. Moynet, dit par Coquelin cadet, de la Comédie-Française. . 1 50
UNE PRÉSENTATION, monologue en prose, par Mlle J. Thénard, de la Comédie-Française. . . . . 1 »
UNE SOURIS, monologue en vers, par Hippolyte Matabon, lauréat de l'Académie-Française, dit par Coquelin aîné, de la Comédie-Française . . . . 1 »
UN HOMME A LA MER, monologue en prose, par E. Morand, dit par Coquelin cadet, de la Comédie-Française. . . . . 1 »
UN MARI, naïveté en vers, par V. Revel, dit par Mlle Maria Legault, du Vaudeville. . . . . 1 »
UN MONSIEUR QUI A UN TIC, monologue en prose, de F. Galipaux et Ch. Samson, dit par F. Galipaux, du Palais-Royal. 1 »
UN MONSIEUR QUI N'AIME PAS LES MONOLOGUES, monologue en prose, par Georges Feydeau, dit par Coquelin cadet, de la Comédie-Française. . . . . 1 »
UN PRIX DE DOUCEUR, monologue, par Louis Tognetti . . . . . 1 »
UN SCENARIO, par mademoiselle Thénard, de la Comédie-Française, dit par Coquelin cadet, de la Comédie-Française . . . 1 »
LA VIE, monologue comique, par E. Grenet-Dancourt, dit par Coquelin aîné, de la Comédie-Française. . . . . 1 »
LE VIN GAI, monologue en vers, par Delannoy, du théâtre du Vaudeville. . . . . 1 »
LE VOLEUR VOLÉ, anecdote oubliée par Anacréon, mise en vers par Paul Bilhaud (Illustrations renouvelées de l'antique par H. Gray). . . . . 1 »
LE VOLONTAIRE, monologue comique, en vers, par Georges Feydeau, dit par F. Galipaux, du théâtre du Palais-Royal . . . 1 »

Imprimerie Générale de Châtillon-sur-Seine. — A. Pichat.

www.ingramcontent.com/pod-product-compliance
Lightning Source LLC
Chambersburg PA
CBHW061622040426
42450CB00010B/2627